목 차

1. 숫자 주사위놀이의 정의

숫자 주사위놀이는 숫자가 써진 주사위를 굴려서 나온 숫자를 가지고 더하기, 빼기, 곱하기, 나누기를 하며 노는 놀이다.

숫자 주사위놀이는 인지능력 중에서 계산력을 높이는 역할을 한다. 계산력은 물건 또는 값의 크기를 비교하거나, 주어진 수의 연산의 법칙에 따라 처리하여 수치를 구하는 능력을 말한다.

숫자 주사위놀이는 주사위를 가지고 놀이를 하면서 활동지에 있는 문제들을 해결하면서 자연스럽게 계산력을 향상하게 하거나, 떨어지는 인지기능 중에서 계산력을 유지하려는 목적으로 만들어진 놀이다.

숫자 주사위 놀이는 유아나 아동, 또는 노인들의 인지능력 중에서 계산력을 높이기 위해서 활용하면 좋다.

2. 숫자 주사위놀이 놀이 방법

① 숫자 주사위놀이는 개인별로 혼자 할 수도 있지만, 두 사람 이상이 빨리 계산하여 승부를 가르는 경쟁을 통해 흥미를 높일 수 있다.

② 활동지 중에 앞에 숫자가 있는 경우에는 1개의 주사위를 던져 +, −, ×, ÷ 표시대로 계산하게 한다.

③ 활동지 중에 숫자가 없고 +, −, ×, ÷ 표시만 있는 경우에는 2개의 주사위를 던져 주사위에 나온 숫자대로 계산하게 한다.

④ 빼기와 나누기에서는 큰 수에서 작은 수를 빼거나 나누게 한다.

3. 더하기 활동지 1

◇ 주사위 1개만 던져서 ①번 문제처럼 문제에 적고 계산해서 답을 적으세요.

①	1 + 5	= 6
②	2 +	=
③	3 +	=
④	4 +	=
⑤	5 +	=
⑥	6 +	=
⑦	7 +	=
⑧	8 +	=
⑨	9 +	=
⑩	10 +	=

4. 더하기 활동지 2

◇ 주사위 1개만 던져서 ①번 보기처럼 문제에 적고 계산해서 답을 적으세요.

①	$11 + 5$	$= 16$
②	$12 +$	$=$
③	$13 +$	$=$
④	$14 +$	$=$
⑤	$15 +$	$=$
⑥	$16 +$	$=$
⑦	$17 +$	$=$
⑧	$18 +$	$=$
⑨	$19 +$	$=$
⑩	$20 +$	$=$

5. 더하기 활동지 3

◇ 주사위 1개만 던져서 ①번 보기처럼 문제에 적고 계산해서 답을 적으세요.

①	$25 + 5$	$= 27$
②	$30 +$	$=$
③	$41 +$	$=$
④	$19 +$	$=$
⑤	$35 +$	$=$
⑥	$46 +$	$=$
⑦	$57 +$	$=$
⑧	$68 +$	$=$
⑨	$79 +$	$=$
⑩	$80 +$	$=$

6. 더하기 활동지 4

◇ 주사위 2개를 던져서 ①번 보기처럼 문제에 적고 계산해서 답을 적으세요.

①	$4 + 2$	$= 6$
②	$+$	$=$
③	$+$	$=$
④	$+$	$=$
⑤	$+$	$=$
⑥	$+$	$=$
⑦	$+$	$=$
⑧	$+$	$=$
⑨	$+$	$=$
⑩	$+$	$=$

7. 더하기 활동지 5

◇ 주사위 2개를 던져서 나온 숫자를 문제에 적고 계산해서 답을 적으세요.

①	+	=
②	+	=
③	+	=
④	+	=
⑤	+	=
⑥	+	=
⑦	+	=
⑧	+	=
⑨	+	=
⑩	+	=

8. 더하기 활동지 6

◇ 주사위 2개를 던져서 나온 숫자를 문제에 적고 계산해서 답을 적으세요.

①	+	=
②	+	=
③	+	=
④	+	=
⑤	+	=
⑥	+	=
⑦	+	=
⑧	+	=
⑨	+	=
⑩	+	=

9. 더하기 활동지 7

◇ 주사위 2개를 던져서 나온 숫자를 문제에 적고 계산해서 답을 적으세요.

①	+	=
②	+	=
③	+	=
④	+	=
⑤	+	=
⑥	+	=
⑦	+	=
⑧	+	=
⑨	+	=
⑩	+	=

10. 빼기 활동지 1

◇ 주사위 1개를 던져서 ①번 보기처럼 문제에 적고 계산해서 답을 적으세요.

①	$10 - 9$	$= 1$
②	$10 -$	$=$
③	$10 -$	$=$
④	$10 -$	$=$
⑤	$10 -$	$=$
⑥	$10 -$	$=$
⑦	$10 -$	$=$
⑧	$10 -$	$=$
⑨	$10 -$	$=$
⑩	$10 -$	$=$

11. 빼기 활동지 2

◇ 주사위 1개를 던져서 ①번 보기처럼 문제에 적고 계산해서 답을 적으세요.

①	$20 - 9$	$= 11$
②	$20 -$	$=$
③	$20 -$	$=$
④	$20 -$	$=$
⑤	$20 -$	$=$
⑥	$20 -$	$=$
⑦	$20 -$	$=$
⑧	$20 -$	$=$
⑨	$20 -$	$=$
⑩	$20 -$	$=$

12. 빼기 활동지 3

◇ 주사위 1개를 던져서 ①번 보기처럼 문제에 적고 계산해서 답을 적으세요.

①	30 - 8 = 22
②	30 - =
③	30 - =
④	30 - =
⑤	30 - =
⑥	30 - =
⑦	30 - =
⑧	30 - =
⑨	30 - =
⑩	30 - =

13. 빼기 활동지 4

◇ 주사위 1개를 던져서 ①번 보기처럼 문제에 적고 계산해서 답을 적으세요.

①	$41 - 3$	$= 38$
②	$42 -$	$=$
③	$43 -$	$=$
④	$44 -$	$=$
⑤	$45 -$	$=$
⑥	$46 -$	$=$
⑦	$47 -$	$=$
⑧	$48 -$	$=$
⑨	$49 -$	$=$
⑩	$50 -$	$=$

14. 빼기 활동지 5

◇ 주사위 2개를 던져서 나온 숫자를 ①번 보기처럼 문제에 적고 계산해서 답을 적으세요. 빼기는 큰 수의 주사위 숫자에서 작은 수의 주사위 숫자를 빼야 합니다.

①	8 - 4	= 4
②	−	=
③	−	=
④	−	=
⑤	−	=
⑥	−	=
⑦	−	=
⑧	−	=
⑨	−	=
⑩	−	=

15. 빼기 활동지 6

◇ 주사위 2개를 던져서 나온 숫자를 문제에 적고 계산해서 답을 적으세요.
빼기는 큰 수의 주사위 숫자에서 작은 수의 주사위 숫자를 빼야 합니다.

①	—	=
②	—	=
③	—	=
④	—	=
⑤	—	=
⑥	—	=
⑦	—	=
⑧	—	=
⑨	—	=
⑩	—	=

16. 빼기 활동지 7

◇ 주사위 2개를 던져서 나온 숫자를 문제에 적고 계산해서 답을 적으세요.
빼기는 큰 수의 주사위 숫자에서 작은 수의 주사위 숫자를 빼야 합니다.

①	−	=
②	−	=
③	−	=
④	−	=
⑤	−	=
⑥	−	=
⑦	−	=
⑧	−	=
⑨	−	=
⑩	−	=

17. 곱하기 활동지 1

◇ 주사위 1개를 던져서 나온 숫자를 ①번 보기처럼 문제에 적고 계산해서 답을 적으세요.

①	1×4	$= 4$
②	$1 \times$	$=$
③	$1 \times$	$=$
④	$1 \times$	$=$
⑤	$1 \times$	$=$
⑥	$2 \times$	$=$
⑦	$2 \times$	$=$
⑧	$2 \times$	$=$
⑨	$2 \times$	$=$
⑩	$2 \times$	$=$

18. 곱하기 활동지 2

◇ 주사위 1개를 던져서 나온 숫자를 ①번 보기처럼 문제에 적고 계산해서 답을 적으세요.

①	3×4	$= 12$
②	$3 \times$	$=$
③	$3 \times$	$=$
④	$3 \times$	$=$
⑤	$3 \times$	$=$
⑥	$4 \times$	$=$
⑦	$4 \times$	$=$
⑧	$4 \times$	$=$
⑨	$4 \times$	$=$
⑩	$4 \times$	$=$

19. 곱하기 활동지 3

◇ 주사위 1개를 던져서 나온 숫자를 ①번 보기처럼 문제에 적고 계산해서 답을 적으세요.

①	5×4	$= 20$
②	$5 \times$	$=$
③	$5 \times$	$=$
④	$5 \times$	$=$
⑤	$5 \times$	$=$
⑥	$6 \times$	$=$
⑦	$6 \times$	$=$
⑧	$6 \times$	$=$
⑨	$6 \times$	$=$
⑩	$6 \times$	$=$

20. 곱하기 활동지 4

◇ 주사위 2개를 던져서 나온 숫자를 ①번 보기처럼 문제에 적고 계산해서 답을 적으세요.

①	4	× 2	= 8
②		×	=
③		×	=
④		×	=
⑤		×	=
⑥		×	=
⑦		×	=
⑧		×	=
⑨		×	=
⑩		×	=

21. 곱하기 활동지 5

◇ 주사위 2개를 던져서 나온 숫자를 문제에 적고 계산해서 답을 적으세요.

①	×	=
②	×	=
③	×	=
④	×	=
⑤	×	=
⑥	×	=
⑦	×	=
⑧	×	=
⑨	×	=
⑩	×	=

22. 곱하기 활동지 6

◇ 주사위 2개를 던져서 나온 숫자를 문제에 적고 계산해서 답을 적으세요.

①	$\times$	=
②	$\times$	=
③	$\times$	=
④	$\times$	=
⑤	$\times$	=
⑥	$\times$	=
⑦	$\times$	=
⑧	$\times$	=
⑨	$\times$	=
⑩	$\times$	=

23. 나누기 활동지 1

◇ 다음 문제를 나온 숫자를 ①번 보기처럼 계산해서 답을 적으세요.

①	$10 \div 1$	$= 10$
②	$10 \div 2$	$=$
③	$10 \div 5$	$=$
④	$20 \div 1$	$=$
⑤	$20 \div 2$	$=$
⑥	$20 \div 4$	$=$
⑦	$20 \div 5$	$=$
⑧	$30 \div 1$	$=$
⑨	$30 \div 2$	$=$
⑩	$30 \div 3$	$=$

24. 나누기 활동지 2

◇ 다음 문제를 ①번 보기처럼 계산해서 답을 적으세요.

①	$30 \div 5$	$= 6$
②	$30 \div 6$	$=$
③	$30 \div 10$	$=$
④	$40 \div 1$	$=$
⑤	$40 \div 2$	$=$
⑥	$40 \div 4$	$=$
⑦	$40 \div 5$	$=$
⑧	$40 \div 8$	$=$
⑨	$50 \div 1$	$=$
⑩	$50 \div 2$	$=$

25. 나누기 활동지 3

◇ 다음 문제를 ①번 보기처럼 계산해서 답을 적으세요.

①	$30 \div 5$	$= 6$
②	$30 \div 6$	$=$
③	$30 \div 10$	$=$
④	$40 \div 1$	$=$
⑤	$40 \div 2$	$=$
⑥	$40 \div 4$	$=$
⑦	$40 \div 5$	$=$
⑧	$40 \div 8$	$=$
⑨	$50 \div 1$	$=$
⑩	$50 \div 2$	$=$

26. 지폐 계산하기 1

숫자 주사위를 던져서 나온 숫자를 적고 그 수만큼 앞의 지폐의 금액을 적어 보세요.

순서	지폐	주사위 숫자	금액
①			원
②			원
③			원
④			원

27. 지폐 계산하기 2

숫자 주사위를 던져서 나온 숫자를 적고 그 수만큼 앞의 지폐의 금액을 적어 보세요.

순서	지폐	주사위 숫자	금액
①			원
②			
③			원
④			

28. 지폐 계산하기 3

숫자 주사위를 던져서 나온 숫자를 적고 그 수만큼 앞의 지폐의 금액을 적어 보세요.

순서	지폐	주사위 숫자	금액
①			
②			원
③			
④			원

29. 동전 계산하기 1

숫자 주사위를 던져서 나온 숫자를 적고 그 수만큼 앞의 동전의 금액을 적어 보세요.

순서	지폐	주사위 숫자	금액
①			원
②			원
③			원
④			원

30. 동전 계산하기 2

숫자 주사위를 던져서 나온 숫자를 적고 그 수만큼 앞의 동전의 금액을 적어 보세요.

순서	지폐	주사위 숫자	금액
①			원
②			
③			원
④			

31. 동전 계산하기 3

숫자 주사위를 던져서 나온 숫자를 적고 그 수만큼 앞의 동전의 금액을 적어 보세요.

순서	지폐	주사위 숫자	금액
①			
②			원
③			
④			원

계산력을 높이는 숫자 주사위놀이

초판1쇄 - 2018년 10월 30일
*

지은이 - 전도근·유순덕
발행인 - 이 규 종
펴낸 곳-예감출판사
등록-제2015-000130호
주소-경기도 고양시 일산동구 공릉천로 175번길 93-86
전화-031)962-8008
팩시밀리-031)962-8889
홈페이지-www.elman.kr
전자우편-elman1985@hanmail.net
*

*
ISBN 979-11-89083-32-8(13690)

값 10,000 원